Sommario

LE CARATTERISTICHE	5
LE PARTI DEL CONTRATTO	5
LA FORMA	6
CLASSIFICAZIONE	7
PERFEZIONAMENTO	8
MODELLI DI CONTRATTO	9
LE REGOLE DEL CONTRATTO D'ALBERGO	10
GLI OBBLIGHI DERIVANTI DAL CONTRATTO	11
GLI OBBLIGHI DEL CLIENTE	11
GLI OBBLIGHI DELL'ALBERGATORE	12
ALLEGATO 1	14
RIFERIMENTI NORMATIVI	14
ALLEGATO 2	18
MODELLI DI CONTRATTI	18
CLAUSOLE CONTRATTUALI MODELLO A	19
CLAUSOLE CONTRATTUALI MODELLO B E C	20
CLAUSOLE CONTRATTUALI MODELLO A	20
CLAUSOLE CONTRATTUALI MODELLI B E C	21
CLAUSOLE CONTRATTUALI MODELLI A, B E C	21
CLAUSOLE FINALI MODELLI A, B E C	22
ACCETTAZIONE MODELLO A	22
ACCETTAZIONE MODELLO B	23
ACCETTAZIONE MODELLO C	23

Il contratto d'albergo viene definito come il contratto con cui l'albergatore, dietro corrispettivo di un prezzo, si obbliga ad alloggiare il cliente nelle unità abitative dell'albergo forniti di mobili e servizi e tutti i servi necessari o eventuali (lavanderia, riassetto della camera della camera, somministrazione di pasti, uso del telefono e di apparecchi radiotelevisivi, ecc.), che consentano un soggiorno in locali organizzati a tale scopo. Tale contratto ha per oggetto una molteplicità di prestazioni di dare e di facere, dovute dall'albergatore, alcune fondamentali, cioè quelle di fornire l'alloggio e i servizi ad esso collegati (riassetto della camera, somministrazione di luce e acqua, fornitura della biancheria), altre accessorie ed eventuali (somministrazione di pasti, servizio bar, lavanderia, centro benessere etc).

Le prestazioni cui si obbliga l'albergatore sono molteplici ed eterogenee con diversa rilevanza, ma tutte si pongono in funzione di un risultato unico: quello di assicurare al cliente un alloggio comodo e confortevole. Il contratto di albergo per la sua esistenza deve prevedere in ogni caso la fornitura di alloggio, invece l'albergatore non è tenuto a compiere anche le altre prestazioni accessorie, se non richieste, così come il cliente non è obbligato ad avvalersi di tutti quei servizi che l'albergatore abbia organizzato per i clienti (bar, ristorante, lavanderia, telefono, escursioni).

Il contratto, in base alle prestazioni fornite, si distingue in:
- Contratto di alloggio, quando il servizio principale è l'alloggio e i servizi in aggiunta (bar, ristorante) vengono pagati a parte.
- Contratto di pensione, quando viene fornito l'alloggio e il vitto ad un unico prezzo. La pensione può essere completa, se l'albergatore fornisce tutti i pasti, o mezza, se fornisce la colazione e un solo pasto. il prezzo della pensione completa o

mezza pensione viene praticato per periodi non inferiori ai tre giorni, e si intende, se non specificato diversamente, per persona e in camera doppia.

Le prestazioni previste dal contratto possono distinguersi in minime qualificanti e prestazioni qualificanti ulteriori; le prime sono necessarie per l'esistenza di un contratto d'albergo, mentre le altre sono rilevanti al fine dell'attribuzione alberghiera di una determinata categoria.

Il contratto di albergo non può in se considerarsi un contratto tipico, la legge italiana non disciplina espressamente il "contratto di albergo": non se ne trova menzione, infatti, né nel codice civile né nelle leggi speciali. Esso è, invece, un contratto atipico o misto, con cui l'albergatore si obbliga a prestazioni, molteplici ed eterogenee, che vanno dalla locazione dell'alloggio, alla fornitura di servizi, al deposito, senza che la preminenza riconoscibile alla locazione dell'alloggio possa valere, sotto il profilo causale, a far assumere alle altre prestazioni carattere meramente accessorio.

Il codice civile disciplina solo il deposito delle cose portate in albergo (art. 1783) e consegnate all'albergatore (art. 1785), il privilegio dei crediti dell'albergatore sulle cose del cliente (art. 2760) e la prescrizione del credito dell'albergatore (art. 2930 c.c.).

In questo tipo di contratto, salve le norme specifiche, si applicano i principi formulati in tema di contratto misto, secondo il quale il negozio deve essere assoggettato alla disciplina unitaria dell'uno o dell'altro contratto, in base alla prevalenza degli elementi che concorrono a costituirla. Siffatto criterio, tuttavia, non esclude ogni rilevanza giuridica agli elementi del contratto non prevalente, i quali sono regolati con norme proprie se queste non sono incompatibili con quelle del contratto prevalente; se fossero semplicemente accessori, ci troveremmo di fronte ad un contratto di locazione nel quale la prestazione prevista è il solo godimento dell'immobile; nel contratto d'albergo il godimento dell'alloggio si integra con serie di servizi aggiuntivi di tipo alberghiero quali la pulizia dell'alloggio o il cambio della biancheria; è irrilevante che il cliente faccia un uso parziale di tali servizi o che il godimento abbia carattere stabile e non temporaneo.

Il contratto di albergo va anche distinto dal contratto di multiproprietà alberghiera, vale a dire di comproprietà di un bene immobile con destinazione alberghiera. In quest'ultimo tipo di contratto l'unità immobiliare appartiene a più proprietari. Un medesimo appartamento viene venduto separatamente a più persone che ne possono godere a turno ciascuna per un determinato periodo dell'anno. Il diritto di ciascun multiproprietario è perpetuo e disponibile; l'albergo oggetto della multiproprietà è indivisibile. Le parti comuni del complesso residenziale sono invece di condominio. L'albergo viene dato in locazione a un gestore professionale, mediante un contratto di locazione pluriennale.

In alcuni contratti di albergo i servizi ulteriori rispetto all'alloggio possono assumere un'importanza di gran lunga prevalente rispetto all'alloggio e pertanto acquistano una propria autonomia, potendo essere utilizzati anche da chi non è ospite dell'albergo, e potendo, in forma separata, formare oggetto di un contratto, quale l'appalto di servizio. Si pensi ad esempio ad un convegno che si svolge in albergo; l'alloggio in albergo dei partecipanti può avere una funzione non prevalente, anche a livello di costi, rispetto ai servizi congressuali (utilizzo delle sale, noleggio delle attrezzature tecniche, servizi di segreteria ecc) e dei servizi ristorativi (colazioni di lavoro, coffee breaks, ecc).

Il contratto d'albergo è pertanto un contratto formalmente atipico che tuttavia conosce ampia diffusione nella prassi sociale, pertanto la disciplina del rapporto va ricercata non solo nelle norme codicistiche disciplinanti figure affini ma anche negli usi e nella prassi sociale

La nozione e le regole del contratto d'albergo si estendono a tutte le strutture ricettive, indipendentemente dalla terminologia usata per i vari tipi (hotel, villaggio turistico, motel, campeggio, rifugio alpino, affittacamere, bed & breakfast, beauty farm, ecc.).

Il contratto d'albergo si perfeziona solo nel momento dell'arrivo del cliente presso la struttura. Tutte le attività precedenti sono semplicemente preparatorie. Tale aspetto assume notevole importanza nelle ipotesi in cui l'hotel, all'atto della prenotazione, chieda gli estremi della carta di credito del cliente. Nel caso, dunque, in cui quest'ultimo non sfrutti la prenotazione, sarà illegittimo qualsiasi prelievo dalla carta non autorizzato, salvo nell'ipotesi in cui si era convenuta espressamente una caparra.

In caso di partenza anticipata del cliente - fatta esclusione per i casi di forza maggiore documentati e i casi di colpa attribuibili all'albergatore o ai suoi preposti - l'albergatore può annullare le eventuali offerte e promozioni e, in caso di soggiorno inferiore a tre giorni, può applicare i prezzi alla carta per le prestazioni fornite. A risarcimento del danno procurato all'albergatore è previsto, in via di transazione, il versamento di un indennizzo pari al prezzo della camera per il numero di giorni mancanti alla fine del soggiorno - fino ad un massimo di tre giorni - oltre al pagamento dei servizi fruiti. In tal caso la caparra va detratta dal prezzo finale. Qualora la camera sia stata nuovamente prenotata nel periodo coperto dal pagamento dell'indennizzo, tale somma potrà essere rimborsata al cliente inadempiente.

Le caratteristiche

- È consensuale perché il contratto si conclude con il semplice consenso ancor prima dell'individuazione dell'alloggio e della consegna delle chiavi;
- Non è formale perché non viene richiesta alcuna forma particolare per la sua validità;
- È a titolo oneroso perché l'attribuzione patrimoniale di ciascuna parte trova riscontro in un vantaggio corrispondente;
- È a prestazioni corrispettive perché la prestazione di ciascuna parte trova motivazione in quella dell'altra;
- È di durata perché la sua esecuzione si protrae nel tempo con prestazioni continuative.

Le parti del contratto

Il contratto d'albergo è un contratto di impresa nel quale sono individuabili diversi soggetti:
- l'albergatore;
- i dipendenti;
- il beneficiario;
- il contraente

L'albergatore, è un imprenditore commerciale poiché è suo il rischio d'impresa, sceglie la forma che vuole (individuale/familiare, societaria, associazione).Tale soggetto dietro pagamento di un corrispettivo, si obbliga a tenere a disposizione del cliente un alloggio e a predisporre le prestazioni collegate.

I *dipendenti* dell'albergatore, che entrano in rapporto con i terzi, ne hanno la rappresentanza e agiscono in nome e per conto dell'albergatore.
Il *beneficiario*, il soggetto che beneficia delle prestazioni alberghiere (cliente). Egli è anche
il *contraente*, Il contraente è il soggetto (fisico o giuridico) che stipula il contratto d'albergo; coincide con il beneficiario quando questi è anche il soggetto che stipula il contratto del quale fruisce;

La forma

La forma del contratto d'albergo è libera: non è obbligatorio che venga stipulato per iscritto. Tale contratto può essere concluso per iscritto, verbalmente (di persona o telefonicamente) o per comportamento concludente (comportamento che manifesta la volontà di concludere; assegnazione della camera al cliente). La forma scritta è preferibile per ragioni di opportunità pratica, nel caso di contestazioni successive, sull'esistenza dell'accordo, i termini, le modalità d'esecuzione, lo scritto costituirà prova delle reciproche obbligazioni e diritti. Anche la disdetta della prenotazione non è subordinata alla forma scritta, per cui può essere esercitata anche verbalmente, semprechè tale forma di accettazione non sia stata esclusa dalla presentazione dell'offerta fatta dall'albergatore.
Il contratto si configura come "proposta al pubblico", ossia una proposta verso chiunque voglia accettare (ad es. nel sito espone al pubblico l'albergo, le camere con relativi prezzi etc.; contiene tutti gli estremi essenziali del contratto). Pertanto, basta l'adesione del cliente affinché il contratto d'albergo sia perfezionato.

Il contratto d'albergo può essere normalmente configurato come un contratto a favore di terzo, allorché venga indicato un soggetto diverso dai contraenti quale destinatario delle prestazioni alberghiere. Si pensi all'invitato di colui che ha stipulato il contratto o all'ipotesi di prenotazione alberghiera effettuata da una agenzia di viaggio, in questi casi il cliente (beneficiario) è soggetto diverso dal contraente.

Classificazione

Il contratto di albergo appartiene alla sfera del diritto commerciale, inteso come diritto delle attività economiche organizzate, ed in particolare alla categoria dei contratti d'impresa. In base ai criteri di classificazione dei contratti, il contratto d'albergo presenta i seguenti caratteri:

E' un contratto atipico: poiché non è disciplinato né dal codice civile né da altre leggi, la sua disciplina deriva quindi dagli accordi tra le parti. Le regole che lo disciplinano sono il risultato di elaborazioni della dottrina e della giurisprudenza.

E' un contratto bilaterale in quanto stipulato da due parti (generalmente albergatore e cliente, ma non sempre, si pensi alle stipulazione in favore di terzo o tramite intermediario ad es. agenzia di viaggio).

E' un *contratto non formale* nel senso che le parti possono servirsi di ogni mezzo per rendere riconoscibile la volontà di impegnarsi; è un contratto consensuale che si perfeziona sulla base del consenso.

E' un *contratto ad efficacia obbligatoria*, cioè che consiste nell'assunzione di obbligazioni a carico delle parti.

E' un *contratto di durata*, la cui esecuzione si protrae nel tempo.

E' un *contratto a esecuzione differita*, la prestazione è rinviata per volontà delle parti ad un momento successivo alla perfezione del contratto (ma non nel caso di walk-in cioè di presentazione del cliente direttamente in albergo senza prenotazione).

E' un *contratto a prestazione corrispettive*, ossia con reciprocità di attribuzioni e sacrifici patrimoniali;

E' un *contratto a titolo oneroso*, nel senso che ciascuna delle parti riceve un vantaggio dietro un corrispettivo sacrificio.

Perfezionamento

Il contratto di albergo non richiede per il suo perfezionamento oneri formali, per cui può essere concluso anche per fatti concludenti. Il perfezionamento del contratto di albergo avviene nel momento in cui chi ha fatto la proposta ha conoscenza dell'accettazione dell'altra parte.

Il contratto di albergo può perfezionarsi:
- con uno scambio di dichiarazioni;
- con l'esecuzione stessa del contratto.

Il contratto di albergo si perfeziona anche verbalmente, o con la conferma da parte dell'albergatore, della disponibilità dell'alloggio (indipendentemente dalla assegnazione della camera, poiché, in caso di conferma di disponibilità e ingiustificata assegnazione, il contratto è concluso e l'albergatore sarà inadempiente), ovvero

mediante scambio di proposta e accettazione anche fra persone lontane, nel qual caso il contratto si considera concluso nel momento in cui il proponente (che può essere indifferentemente l'albergatore o il cliente) viene a conoscenza dell'accettazione dell'altra parte.
E' pertanto possibile la conclusione di un contratto di albergo via telefono oppure internet.

Quando la prenotazione avviene oralmente, per telefono o mediante internet, essa realizza un rapporto giuridico nel quale solo l'albergatore rimane obbligato a mantenere la disponibilità della camera in favore del cliente. Quest'ultimo, invece, in caso di disdetta anche all'ultimo minuto non ha obblighi verso l'albergatore, quindi non è tenuto ad alcun pagamento. Con la prenotazione orarle, il contratto d'albergo si perfeziona solo nel momento dell'arrivo del cliente presso la struttura. Tutte le attività precedenti sono semplicemente preparatorie. Pertanto, nel caso il cliente non sfrutti la prenotazione, sarà illegittimo qualsiasi prelievo da parte dell'albergatore non autorizzato dal cliente, salvo nell'ipotesi in cui era stato convenuto espressamente una caparra.

Modelli di contratto

Contratto senza versamento di caparra, ma con la previsione di penale da addebitare a carico del cliente.
Contratto con versamento di caparra a carico del cliente.

Le regole del contratto d'albergo

- Se il cliente lascia la camera prima del giorno previsto o non prende possesso della/e camera/e prenotate, l'albergatore può chiedere il pagamento dell'intero soggiorno.

- Se il cliente non fissa con l'albergatore il termine del soggiorno, e se non libera la stanza nei tempi previsti, il contratto si rinnova di giorno in giorno.

- L'albergatore può pretendere una caparra al momento della prenotazione.

- La legge non prevede alcun obbligo in capo al cliente per il recesso dalla prenotazione, salvo, ovviamente, che il contratto stipulato tra le parti preveda diversamente.

- Se l'albergatore accetta una prenotazione, pur non avendo la stanza, deve risarcire il cliente.

- Qualora il cliente non trovasse posto in albergo nonostante avesse già stipulato il contratto egli ha diritto a non subire le conseguenze negative dell'organizzazione e ad ottenere una sistemazione in altro albergo vicino, di uguale categoria o superiore, senza aggravio di spese.

- Se il cliente, all'arrivo in albergo, constata una sistemazione o caratteristiche alberghiere diverse da quelle convenute ma le accetta ugualmente, si ritengono automaticamente decaduti e annullati i precedenti accordi con l'albergatore. In caso contrario, se il cliente non accetta le differenze, ha diritto di pretendere la sistemazione in un'altra struttura

alberghiera di categoria equivalente o superiore e che disponga diquelle specifiche caratteristiche concordate all'atto della prenotazione con l'albergatore. L'albergatore è tenuto al pagamento della differenza in caso di disparità di prezzo. Qualora invece le parti non addivengano ad accordo per una sistemazione alternativa, il cliente può esigere la corresponsione del doppio della caparra.
- Il prezzo è riferito a un giorno e una notte. Il giorno d'arrivo è conteggiato per intero, mentre in giorno della partenza non è conteggiato, purché la camera sia liberata nei tempi previsti.

Gli obblighi derivanti dal contratto

Gli obblighi del cliente

- Al suo arrivo è tenuto ad esibire un documento d'identità che sarà trattenuto per il tempo stretta mente necessario ad espletare le operazioni previste dalla legge.
- Deve usare i locali dell'albergo secondo la loro normale destinazione.
- Il cliente risponde dei danni arrecati alle attrezzature e agli oggetti messi a sua disposizione.
- Non deve disturbare gli altri clienti.
- Non può portare animali se non dopo accordo con la direzione.
- Il cliente non può cucinare per proprio conto.
- È tenuto al pagamento del corrispettivo per il servizio di cui ha usufruito.

- in caso di disdetta se il contratto stipulato lo prevede è tenuto al pagamento della caparra.
- Esibire un documento di identità.
- Lasciare la stanza all'orario convenuto.

Gli obblighi dell'albergatore

- Ha l'obbligo di accogliere il cliente: l'accoglienza può essere rifiutata solo in presenza di un legittimo motivo (es: tutto esaurito; rifiuto del cliente di esibire il documento di identità o di sottoscrivere la scheda di dichiarazione delle generalità).
- L'albergatore non può rifiutare la camera a nessuno a meno che: l'albergo sia al completo; il cliente rifiuti di esibire un documento d'identità.
- In caso di prenotazione l'albergatore è tenuto a mantenere la disponibilità della camera in favore del cliente.
- L'albergatore ha l'obbligo di fornire al cliente l'uso esclusivo della camera per il periodo richiesto.
- deve mettere a disposizione del cliente i locali della struttura e i servizi accessori (telefono, cambio biancheria, riscaldamento, acqua calda, riordino e pulizia delle stanze, somministrazione dei pasti, servizio bar e trasporto dei clienti e dei loro bagagli).
- Deve esporre nei locali in cui viene effettuata la prestazione dei servizi, le tabelle e i cartelli con l'indicazione dela categoria, del costo giornaliero delle stanze e delle tariffe praticate distinte in alta e bassa stagione. Se l'albergatore dovesse richiedere una somma maggiore di quella esposta, il cliente può rifiutare di pagare ia differenza e può inviare un reclamo all'ente locale al quale compete il controllo tariffario.

- Custodire le cose del cliente
- Deve chiedere il pagamento dell'imposta di soggiorno qualora Comuni capoluoghi di provincia, unioni di Comuni e Comuni inclusi negli elenchi regionali delle località turistiche o città d'arte abbiano deciso di istituirla.
- Ha l'obbligo di emettere la ricevuta fiscale per i servizi forniti.
- In caso di insolvenza da parte del cliente, l'albergatore, ai sensi dell'art. 2769 del codice civile, ha il diritto di rivalersi sulle proprietà del cliente (bagagli, valori in deposito, autovetture, ecc.) e di richiedere il sequestro delle stesse agli organi competenti. I crediti dell'albergatore hanno una prescrizione di sei mesi.

Allegato 1

Riferimenti normativi

Corte di Cassazione – Sentenza n. 17150/2002: Conclusione del contratto
Il contratto d'albergo è concluso nel momento in cui l'albergatore, che compie un'offerta al pubblico attraverso l'esposizione di insegne ovvero la trasmissione di messaggi pubblicitari, viene a conoscenza dell'accettazione da parte del cliente. Assume rilievo, quale accettazione dell'offerta, anche la prenotazione per periodo futuro effettuata per telefono.

Corte di Cassazione – Sentenza n. 17150/2002: Revoca del contratto
La revoca successiva della prenotazione da parte del cliente integra unilaterale sottrazione al vincolo contrattuale e determina l'obbligazione di tenere indenne della perdita subita l'albergatore che non abbia effettivamente utilizzato la camera per il periodo prenotato. Nel caso in cui siano stati pattuiti anche servizi accessori all'alloggio (quali ad esempio la somministrazione di pasti), l'importo di tali servizi non resi deve essere detratto dal corrispettivo del mancato soggiorno.

Corte di Cassazione – Sentenza n. 26958/2007; Impossibilità sopravvenuta
La risoluzione del contratto per impossibilità sopravvenuta della prestazione, con la conseguente possibilità di attivare i rimedi restitutori, ai sensi dell'art. 1463 cod. civ., può essere invocata da entrambe le parti del rapporto obbligatorio sinallagmatico, e cioè

sia dalla parte la cui prestazione sia divenuta impossibile sia da quella la cui prestazione sia rimasta possibile.

Corte di Cassazione – Sentenza n. 26958/2007: Impossibilità sopravvenuta ad utilizzare la prestazione
In particolare, l'impossibilità sopravvenuta della prestazione si ha non solo nel caso in cui sia divenuta
impossibile l'esecuzione della prestazione del debitore, ma anche nel caso in cui sia divenuta impossibile
l'utilizzazione della prestazione della controparte, quando tale impossibilità sia comunque non imputabile al creditore e il suo interesse a riceverla sia venuto meno, verificandosi in tal caso la sopravvenuta irrealizzabilità della finalità essenziale in cui consiste la causa concreta del contratto e la conseguente estinzione dell'obbligazione.

Corte di Cassazione – Sentenza n. 26958/2007 Impossibilità sopravvenuta del cliente d'albergo
Nella fattispecie, relativa ad un contratto di soggiorno alberghiero prenotato da due coniugi uno dei quali era deceduto improvvisamente il giorno precedente l'inizio del soggiorno, la S.C., enunciando il riportato principio, ha confermato la sentenza di merito con cui era stato dichiarato risolto il contratto per impossibilità sopravvenuta invocata dal cliente ed ha condannato l'albergatore a restituire quanto già ricevuto a titolo di pagamento della prestazione alberghiera.

Corte di Cassazione – Sentenza n. 21419 del 18 settembre 2013

La conclusione di un contratto di albergo, anche al di fuori di un pacchetto turistico, non impedisce l'applicazione della disciplina sui contratti del consumatore, qualora ricorrano gli estremi di cui alle definizioni del codice del consumo. La disciplina di cui al d.lg. n. 206 del 2005, infatti, si applica a tutti i contratti conclusi tra un consumatore ed un professionista, vale a dire tra una persona fisica che agisce per scopi estranei all'attività imprenditoriale, commerciale, artigianale o professionale eventualmente svolta ed una persona fisica o giuridica che agisce nell'esercizio della propria attività imprenditoriale, commerciale, artigianale o professionale, a prescindere dal tipo contrattuale prescelto dalle parti e dalla natura della prestazione oggetto del contratto. Il contratto d'albergo, pertanto, se concluso dal privato-persona fisica per il soddisfacimento di esigenze di vita quotidiana, estranee all'esercizio della propria eventuale attività imprenditoriale, commerciale, artigianale o professionale svolta, sarà soggetto alla disciplina generale dei contratti del consumatore quanto all'individuazione del giudice competente - da individuarsi in quello del luogo di residenza o domicilio del consumatore, anche qualora non integri la fattispecie di contratto di vendita di pacchetto turistico, poiché la disciplina relativa a quest'ultimo si pone quale normativa speciale ed ulteriore rispetto a quella generale dei contratti del consumatore.

Corte di Cassazione – Sentenza n. 22619 del 11 dicembre 2012
Il tour operator è direttamente responsabile dei danni patiti dal turista-consumatore anche nel caso in cui gli stessi siano da ascriversi alla condotta colposa di un terzo prestatore della cui

attività si sia avvalso il tour operator. Quest'ultimo è direttamente tenuto al risarcimento dei danni sofferti dal consumatore di pacchetto turistico in conseguenza della attività del terzo, salvo in ogni caso il diritto di rivalsa nei confronti del terzo prestatore.

Allegato 2

Modelli di contratti

I modelli di contratto d'albergo
Modello A: contratto senza versamento di caparra, ma con la previsione di penale da addebitare su carta di credito del cliente.
Modello B: contratto con versamento di caparra addebitata su carta di credito del cliente.
Modello C: contratto con versamento di caparra tramite bonifico bancario

L'offerta nel modello A e B
Facendo seguito ai colloqui intercorsi, le confermiamo la disponibilità di ... camera/e al costo giornaliero di € .... per persona comprensivo di ...., per il periodo .... , per un costo totale di € ....
Per l'accettazione, la preghiamo di inviare via fax al n. .... o via e-mail all'indirizzo .... entro le ore ... del giorno ...., la presente proposta debitamente integrata e sottoscritta.
All'atto della ricezione, entro i suddetti termini, il contratto sarà concluso.

L'offerta nel modello C
Facendo seguito ai colloqui intercorsi, le confermiamo la disponibilità di ... camera/e al costo giornaliero di € ....

perpersona comprensivo di ………………., per il periodo …………………. , per un costo totale di €……….
Per l'accettazione, la preghiamo di inviare via fax al n ………… o via e-mail all'indirizzo ………………… entro le ore … del giorno ……………., la presente proposta debitamente integrata e sottoscritta, unitamente all'attestazione di bonifico bancario a nostro favore di € ………… a titolo di caparra confirmatoria. All'atto della ricezione, entro i suddetti termini, il contratto si intenderà concluso.
Le nostre coordinate bancarie sono le seguenti: ………………..

Clausole contrattuali modello A

Diritto di recesso senza penale
Il cliente ha il diritto di recedere dal contratto fino a …. giorno/giorni prima della data di arrivo prevista, senza pagare alcuna penale. Il recesso deve essere comunicato all'albergo entro tale termine via fax o via e-mail al numero e/o indirizzo sopra indicato.

Inadempimento del cliente
Nel caso di recesso del cliente dal contratto oltre il termine di cui al punto 1 o in caso di mancato arrivo alla data concordata (no show) l'albergo è autorizzato ad addebitare a titolo di penale sulla carta di credito del cliente il……….% del costo totale dei servizi confermati, fatto salvo il maggior danno. In caso di partenza anticipata l'albergo ha diritto al pagamento dell'importo concordato per l'intero soggiorno.

Clausole contrattuali modello B e C

Caparra confirmatoria
All'atto della conclusione del contratto, il cliente è tenuto a versare il ………% del costo complessivo dei servizi confermati a titolo di caparra confirmatoria.

Inadempimento del cliente
In caso di recesso dal contratto da parte del cliente o in caso di mancato arrivo alla data concordata (no show) l'albergo tratterà l'importo versato a titolo di caparra confirmatoria, fatto salvo il maggior danno. In caso di partenza anticipata l'albergo ha diritto al pagamento dell'importo concordato per l'intero soggiorno.

Clausole contrattuali modello A

Inadempimento dell'albergo
Nel caso di impossibilità a fornire i servizi confermati, l'albergo deve risarcire i danni provocati al cliente che non accetti di essere ricollocato presso una struttura ricettiva limitrofa di uguale o superiore categoria. In caso di ricollocamento le spese per il trasferimento ad altra struttura e l'eventuale differenza di prezzo della stessa sono a carico dell'albergo che non è in grado di fornire i servizi confermati.

Clausole contrattuali modelli B e C

Inadempimento dell'albergo
Nel caso di impossibilità a fornire i servizi di alloggio confermati, l'albergo deve restituire il doppio della caparra ricevuta, fatto salvo il maggior danno, qualora il cliente non accetti di essere ricollocato presso una struttura ricettiva limitrofa di uguale o superiore categoria. In caso di ricollocamento le spese per il trasferimento ad altra struttura e l'eventuale differenza di prezzo della stessa sono a carico dell'albergo che non è in grado di fornire i servizi confermati.

Clausole contrattuali modelli A, B e C

Ora d'arrivo e di partenza
La camera d'albergo viene messa a disposizione del cliente dalle ore … del giorno di
arrivo, e deve essere lasciata libera dal cliente non più tardi delle ore …… del giorno di partenza.
Qualora venga richiesta la disponibilità della camera prima dell'ora prevista nel giorno di arrivo o oltre l'ora prevista nel giorno di partenza, l'albergo può richiedere un pagamento supplementare che non potrà superare il …….% del prezzo giornaliero concordato per la camera.

Clausola conciliativa
Tutte le controversie nascenti dal presente contratto verranno deferite al servizio di conciliazione della Camera di Commercio di …………… e risolte secondo il Regolamento di conciliazione da questa adottato.

Clausole finali modelli A, B e C

Per quanto non espressamente pattuito, il presente contratto è regolamentato dalle disposizioni del Codice Civile sui contratti in generale.

Ai sensi del Codice sulla privacy, la informiamo che il trattamento dei suoi dati personali sarà effettuato anche con mezzi informatici al solo fine di dare esecuzione al presente contratto. Per ulteriori informazioni potrà rivolgersi al Titolare del trattamento Sig...............
Data e firma del Titolare dell'Albergo....................

Accettazione modello A

Il sottoscritto .... residente in .... Via .... tel. .... dichiara di accettare la proposta sopra riportata e autorizza l'Albergo .... ad addebitare sulla Carta di Credito n. .... scadente il .... la somma di .... a titolo di penale nel caso di inadempimento di cui al punto 2 delle condizioni generali di contratto.
Data e Firma ....

Il sottoscritto dichiara altresì di accettare le condizioni contrattuali sopra riportate e particolarmente quelle contenute al punto 2 (Inadempimento del cliente) e 4 (Ora di arrivo e di partenza).
Firma................................

Accettazione modello B

Il sottoscritto ……………………… residente in ………………… Via ……………… tel. ……………. dichiara di accettare la proposta sopra riportata e autorizza l'Albergo …………………… ad addebitare sulla Carta di Credito n. ………………… scadente il ………………. la somma di € ……… a titolo di a titolo di caparra confirmatoria. La caparra confirmatoria verrà trattenuta dall'Albergo nei casi previsti dal punto 2 delle condizioni generali di contratto sopra riportate.
Data e Firma ……………………….

Il sottoscritto dichiara altresì di accettare le condizioni contrattuali sopra riportate e particolarmente quelle contenute al punto 2 (Inadempimento del cliente) e 4 (Ora di arrivo e di partenza).
Firma ………………….

Accettazione modello C

Il sottoscritto ………………. residente in ……………… Via ……………………… tel. …………………. dichiara di accettare la proposta sopra riportata e allega l'attestazione di versamento di € ………… a favore dell'Albergo ………………. a titolo di caparra confirmatoria. La caparra confirmatoria verrà trattenuta dall'Albergo nei casi previsti dal punto 2 delle condizioni generali di contratto sopra riportate.
Data e Firma ……………………………..

Il sottoscritto dichiara altresì di accettare le condizioni contrattuali sopra riportate e particolarmente quelle contenute al punto 2 (Inadempimento del cliente) e 4 (Ora di arrivo e di partenza).
Firma ………………….

www.ingramcontent.com/pod-product-compliance
Lightning Source LLC
Chambersburg PA
CBHW070309190526
45169CB00004B/1555